Schweinsbraten & Co.

Die besten Rezepte vom Schwein
zusammengestellt von Bundesministerin Dr. Andrea Kdolsky

Vorwort

Foto: Christian Jungwirth

Liebe Köchinnen und Köche!

Mit meinem Bekenntnis hin und wieder gerne Schweinsbraten zu essen, habe ich zu Beginn meiner Amtszeit für viel Gesprächsstoff in Österreich gesorgt. Diese „Aufregung" habe ich zum Anlass genommen und beschlossen, ein eigenes Kochbuch über Schweinsbraten und andere Köstlichkeiten vom österreichischen Schwein auf den Markt zu bringen. Der menschliche Organismus muss ausreichend mit Energie und Nährstoffen versorgt werden, um „funktionieren" zu können.
Da es kein Lebensmittel gibt, das alle notwendigen Nährstoffe in der richtigen Zusammensetzung enthält, ist es wichtig, durch eine ausgewogene Ernährung diese Versorgung sicherzustellen.

Eine der Grundempfehlungen der Ernährungswissenschaft ist daher eine vielseitige und abwechslungsreiche Lebensmittelauswahl aus reichlich pflanzlichen und auch tierischen Produkten, wozu auch Schweinefleisch gehört.

Das vorliegende Kochbuch „Schweinsbraten & Co." soll aber nicht nur zu einer ausgewogenen Ernährung anregen, die Gesundheit und Wohlbefinden steigert, sondern auch Lust auf das Kochen mit Fleisch und regionalen Produkten machen.

Gemeinsam mit einigen Prominenten habe ich des Österreichers liebste Speise – den Schweinsbraten – wiederentdeckt und möchte mit diesem Buch einige Arten der Zubereitung aufzeigen, die vielleicht noch nicht in den Haushalten bekannt sind.

Der Erlös dieses Kochbuches fließt an das Österreichische Hilfswerk für Projekte zur Unterstützung von alleinstehenden Müttern und bedürftigen Kindern in schwierigen Lebenslagen.

Für die Verwirklichung dieses Projektes gilt mein Dank Toni Mörwald, der viele Stunden dafür aufgewendet hat, um das österreichische Schwein in den Mittelpunkt dieses Buches zu stellen. Weiters möchte ich mich auch bei allen Prominenten für die zur Verfügung gestellten Rezepte bedanken. Auch Nikola König und Michael Fischer haben mich bei der Konzeption und Umsetzung dieses Kochbuchs tatkräftig unterstützt – vielen Dank!

Ich wünsche Ihnen viel Spaß beim Lesen und beim Umsetzen der schmackhaften Rezepte. Mahlzeit!

Ihre

Dr. Andrea Kdolsky

Bundesministerin für Gesundheit, Familie und Jugend

Inhalt

Heute schon Schwein gehabt?

Hierzulande sind Schweine Sinnbild für allerlei Ereignisse und Gefühlsregungen. Zu Neujahr bringen sie Glück, sie symbolisieren als Sparschwein den Hang zu redlicher Wirtschaftlichkeit, verlieren aber – „Was für ein Saustall!" – nie ganz den Bezug zu einer gewissen fröhlichen Turbulenz.

Von der Rampensau über die Pistensau bis zum Schweinehund werden sie für Schimpf- und Schmähworte genutzt, können aber für den, der „Schwein hat", auch Ausdruck unverdienten Glücks sein. Gern werden Schweinchen in Form von Marzipan oder Porzellan verschenkt und kommen als Lieblingsspeise der Österreicherinnen und Österreicher natürlich auch in rauen Mengen auf den Sonntagstisch.

Glück hat, wer Schwein hat.

Vom Opfertier zum Glücks-bringer

Schon in der Antike war das Fleischessen eine religiöse Zeremonie, die Griechen schätzten Schweine als Fleischlieferanten und Arbeitstiere. Ferkelblut galt als besonders wirksam, um einen Makel abzuwaschen, und für Vertragsabschlüsse opferte man der Göttin Demeter gerne ein Schwein. Auch bei den Römern wurden Schweine als Fruchtbarkeits- und Ernteopfer dargebracht, anschließend allerdings völlig irdisch und genussvoll verspeist.

Die Germanen verehrten den wilden Eber als heiliges Tier, sie maßen die Größe eines Waldes durch die Anzahl der Schweine, die in ihm ernährt werden konnten, und die germanische Göttin Freya trug den Beinamen Syr (Sau). Die wichtigsten Schlachttage der Germanen lagen zwischen November und Jänner, wenn die Tiere ihr Schlachtgewicht erreicht hatten, das Futter langsam knapp wurde und es kalt genug war, um das Fleisch länger lagern zu können. Das Christentum übernahm diese Daten und stellte das Schwein unter den Schutz des Heiligen Antonius, der den Beinamen „Fakentonius" erhielt, das Schlachtfest feierte man an seinem Tag, dem 17. Jänner. Die Antonitermönche waren erfolgreiche Schweinezüchter, ihre Antoniusschweine liefen mit einem Glöckchen um den Hals umher und wurden von mildtätigen Bürgern gefüttert.
Später bürgerte sich als Festtermin der Beginn der Schweinemast am 24. August ein, der Namenspatron dieses Tages, der Heilige Bartholomäus, erhielt den damals liebevoll gemeinten Spitznamen „Saubartl". Die Christen wussten den Genuss des Schweinefleisches durchaus zu schätzen, fürchteten jedoch, es könnte zu sexuellen Ausschweifungen verleiten, wovor sie sich durch 140 bis 160 fleischlose Fasttage im Jahr zu schützen versuchten.

Schon seit der Antike verehrt und verspeist.

Brauchtum rund ums Borstenvieh

Das Schwein wurde mit steigender Verbreitung mit allen seinen Vorzügen geschätzt: Aus den Borsten wurden Bürsten, das Leder diente für Kleidung, zur Schuhherstellung oder als Buchumschlag, in die Blase füllte man Tabak oder machte für die Kinder einen Luftballon daraus. In den bäuerlichen Gegenden entstanden allerlei Mythen rund ums rosa Borstenvieh.

So klopften unverheiratete Mädchen in der Christnacht an die Stalltür; kam ein altes Schwein gelaufen, war dies ein Zeichen für eine bevorstehende Heirat mit einem Witwer oder einem älteren Mann. Näherte sich jedoch ein Ferkel, durfte das Mädchen auf einen schönen, jungen Mann hoffen.
Zu Neujahr sollte man einen Schweinsrüssel oder zumindest Schweinefleisch essen, um das Glück fürs kommende Jahr zu sichern. Isst man nämlich beispielsweise Geflügel, könnte es sein, dass das Glück davonfliegt. Bei mittelalterlichen Schützenfesten war ein Schwein der Trostpreis für den schlechtesten Schützen. Der letzte Platz brachte zwar Spott und Hohn ein, aber immerhin auch das unverdiente Glück, etwas Essbares mit nach Hause nehmen zu dürfen. Nochmal Schwein gehabt, also. Und auf dem Ass des Kartenspiels war im 16. Jahrhundert eine Sau abgebildet. Wer also Schwein hatte, war damit meist auf der Seite der Sieger.

Ein europäisches Volksnahrungsmittel

Bis Anfang des 18. Jahrhunderts wurde bei den Bauern nur einmal im Jahr ein Schwein geschlachtet. Nicht umsonst wurde der Tag der Schlachtung in vielen Gegenden Österreichs Sautanz genannt – er war ein einziges kulinarisches Fest. Ein großer Teil des Fleisches und die Innereien mussten aus Haltbarkeitsgründen frisch verkocht werden. Da wurden bis in die Nacht hinein Blunzen, Leberwürste und Presswurst zubereitet und in Schweinsdärme gefüllt. Fleisch und Speck salzte man zum Selchen in einem großen Fass ein und dicke Speckschwarten wurden ausgelassen.
Auch im Wirtshaus hielt das Schweinefleisch im 18. Jahrhundert mit Gerichten wie Bauernschmaus mit Würsten, Geselchtem oder Schweinsbraten mit Knödeln und Sauerkraut seinen furiosen Einzug auf die Speisekarte. Es war, wie F. G. Zenker 1824 in seiner „Anleitung zur feineren Kochkunst" so treffend bemerkt: „Das Schwein wird bei uns gewissermaßen verachtet, aber trefflich genützt." Und so entwickelte sich das günstige und vielseitige Schwein schnell zum beliebten Volksnahrungsmittel. Gegen Ende des 19. Jahrhunderts kam viel Schweinefleisch aus Ungarn nach Österreich, und damit auch so manches Rezept. Aber auch die französischen und italienischen Schweinefleischtraditionen prägten im Lauf der Geschichte die Wiener Küche – vom Gulasch bis zum Schnitzel, vom Braten über die Innereien bis zum Beinschinken.

Aus dem Wald in den Stall

In seinem ursprünglichen ökologischen Umfeld, also im Wald, erhielt sich das Schwein einst als Allesfresser allein und erntete so den für die menschliche Ernährung eher nutzlosen Wald ab. Da das Schweinejagen allerdings ein recht mühseliges Verfahren ist, begann man schnell, die Tiere in Gatter einzusperren, zu füttern und bei Bedarf zu schlachten. Im 19. Jahrhundert entwickelte sich die Weidehaltung zur Stallmast weiter.

Und da mit dem Wohlstand der Bevölkerung auch die Nachfrage nach Schweinefleisch stieg, dauerte es nicht lange, bis gezielt gezüchtet wurde: So kreuzte man die vom europäischen Wildschwein abstammenden Hausschweine mit schnell wachsenden Bindenschweinen aus Asien. Eine Mischung, die heute noch die Grundlage für die gängigen österreichischen Schweinerassen, also das Landschwein, das Edelschwein und das schwarzweiß gefleckte Piètrain bildet.
Bis Mitte des 20. Jahrhunderts waren in den österreichischen Schweineställen vorrangig rundliche, kurzbeinige und fette Tiere daheim. Ein Trend, der mit dem steigenden Gesundheitsbewusstsein wieder aufgehalten und umgekehrt wurde. Durch den Wunsch nach hochwertigerem, gesünderem Fleisch wurden dem Schwein viel Fett weg- und zwei zusätzliche Rippen – also immerhin vier Koteletts extra – angezüchtet. Heute sind unsere Schweine also deutlich langgestreckter und magerer als noch vor hundert Jahren.

Ein wertvolles Nahrungsmittel

In Österreich werden pro Jahr und Person rund 40 kg Schweinefleisch verspeist, es ist die beliebteste Fleischsorte im Lande, weil es leicht zuzubereiten und vielseitig verwendbar ist und einfach gut schmeckt.
Schonend zubereitet und mit abwechslungsreichen Beilagen schätzen auch immer mehr ernährungs- und figurbewusste Esser den Genuss von Schweinefleisch, das neben zahlreichen Vitaminen des B-Komplexes, Mineralstoffen und Spurenelementen jede Menge Eisen und wertvolles Eiweiß enthält. Durch konsequente Züchtung und gezielte Fütterung ist Schweinefleisch heute ein hochwertiger Bestandteil unserer Ernährung und bildet nicht umsonst die beliebte Basis für viele traditionelle wie moderne Gerichte.
Die Basis für die Qualität des Fleisches legt der Bauer mit der Fruchtfolge auf seinen Feldern, der Auswahl des Saatgutes, der Fütterung und Haltung seiner Tiere. Neben dem Hauptfuttermittel Mais sowie Erbsen, Bohnen und Grünfutter, Magermilch und Molke setzen heute viele Landwirte auch auf Roggen oder Gerste, was besonders Speckliebhaber zu schätzen wissen. In Zeiten der Nachhaltigkeit und des bewussten Genusses geht es eben nicht mehr um ein schnell gezüchtetes Produkt, sondern um den besonderen Geschmack des in Ruhe gewachsenen und mit besten Rohstoffen versorgten Tieres. Schließlich sorgt die zarte Marmorierung, also der intramuskuläre Fettgehalt der Tiere, für höchste Qualität.

Schmeckt gut. Tut gut.

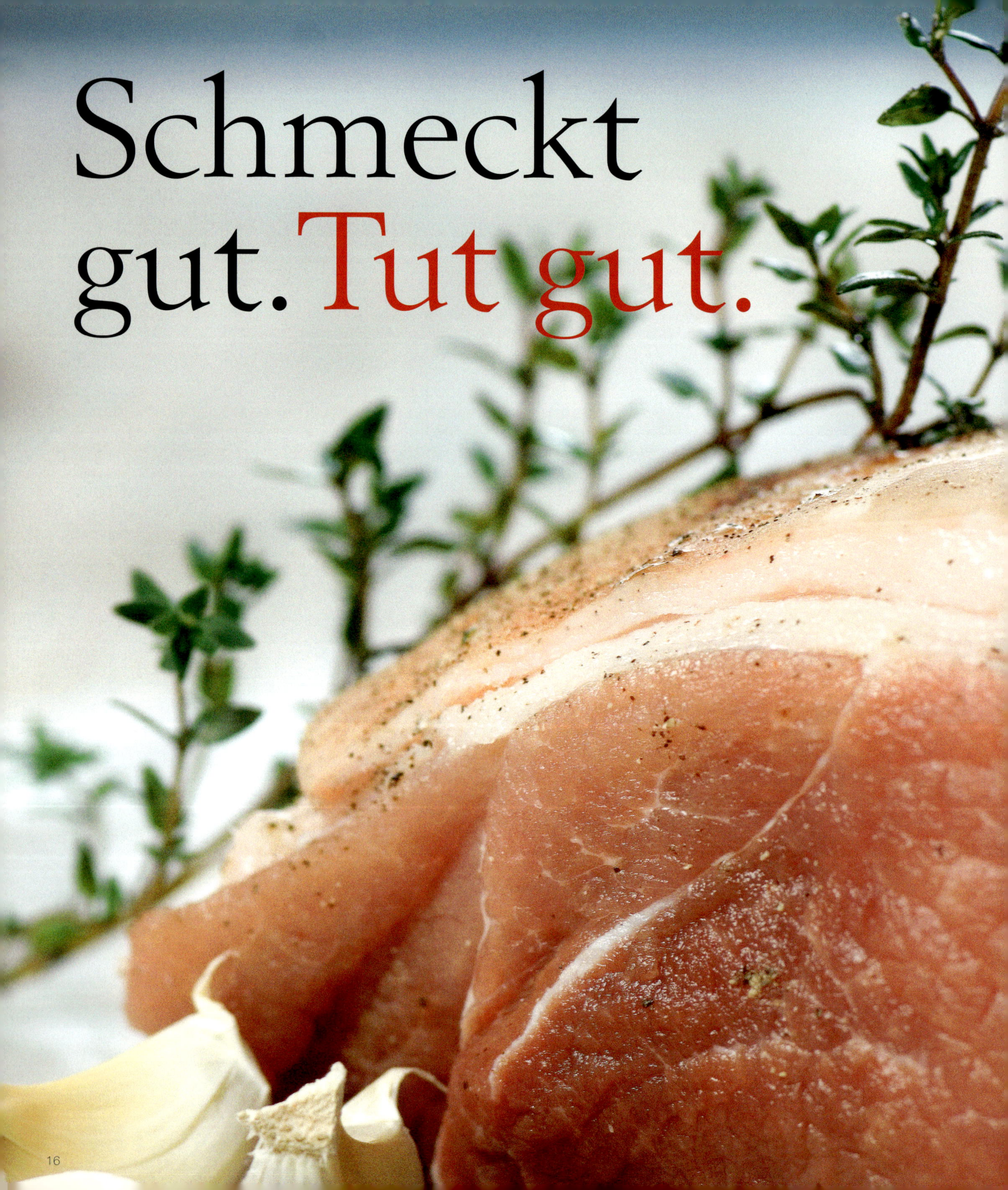

Schweinefleisch ist ein Lebensmittel mit sehr hoher Nährstoffdichte. Es enthält zahlreiche lebenswichtige Inhaltsstoffe und ist eine besonders gute Quelle für alle B-Vitamine, Vitamin A sowie wertvolle Mineralstoffe und Spurenelemente wie Eisen, Zink, Selen und Kalium.

Bereits mit 100 g Schweinefleisch deckt man mehr als die Hälfte des Vitamin-B1- und knapp ein Drittel des Vitamin-B6-Bedarfs. In 150 g Schweinefleisch steckt die Hälfte der empfohlenen Tagesmenge an Vitamin B12. Im Schweinefett sind rund 60% ungesättigte Fettsäuren wie Linol- und Ölsäure, die den Cholesterinspiegel senken können, enthalten. Die vor Jahren noch weit verbreitete Pauschalaussage, dass Schweinefleisch den Cholesterinspiegel erhöht, gilt längst als widerlegt.

Die Zusammensetzung des Eiweißes im Fleisch ist jenem unseres Körpers sehr ähnlich. Es kann deshalb vom Organismus besser verwertet werden als pflanzliches Eiweiß und hat somit eine besonders hohe biologische Wertigkeit. Infolgedessen kann der Mensch bereits mit geringen Mengen Fleisch viel körpereigenes Eiweiß aufbauen. Aber auch die biologische Wertigkeit von pflanzlichem Eiweiß wird verbessert, wenn es mit tierischem kombiniert wird.

Das Vorurteil, Schweinefleisch sei einfach nur fett, hat sich als überholt herausgestellt. Fett verleiht außerdem einem Stück Fleisch Saftigkeit und fördert die Entfaltung des Fleischaromas. Bei völlig mageren Stücken bleibt oft der Geschmack auf der Strecke.

Kaufen Sie daher marmoriertes Schweinefleisch (Schopf) bzw. Schweinefleisch mit Speckrand. Gehen Sie dafür mit Kochfett äußerst sparsam um und schneiden Sie außerdem sichtbares Fett erst nach dem Zubereiten weg! So nehmen Sie weniger Kalorien auf, erhalten aber Geschmack und Qualität! Meist steckt der größere Teil der Energie nicht im Fleisch selbst, sondern in der Zubereitung. Vor allem üppige Saucen belasten dann das Kalorienkonto.

Gleichmäßige Fleischmarmorierung garantiert hohen Genuss.

Bestes Fleisch aus Österreich

Im Unterschied zum Rind muss Schweinefleisch nicht abhängen, um mürbe zu werden. Um in den Genuss wirklich einwandfreien Fleisches zu kommen, sollte man die Kühlkette nach dem Einkauf möglichst kurz unterbrechen und es – vor allem in faschierter Form – rasch verzehren. Ganze Stücke packt man daheim aus, tupft sie trocken und bewahrt sie am besten in einem Kunststoffbehälter oder einem Glasgefäß mit Siebeinsatz auf.

Vakuumverpackt hält Schweinefleisch deutlich länger, dabei ist es aber ratsam, die Packung etwa eine halbe Stunde vor der Zubereitung zu öffnen, damit das Fleisch gut auslüften kann. Und wer gleich eine halbe Sau oder ähnlich große Mengen kauft und Teile davon einfrieren möchte, bereitet die Stücke am besten küchenfertig vor, in eher kleinen und flachen Portionen, damit sie schneller durchfrieren können. Klarsichtfolie zwischen den Fleischscheiben verhindert das Zusammenfrieren. Je fetter das Fleisch ist, desto kürzer sollte man es auch im gefrorenen Zustand aufbewahren, da das Fett schnell ranzig wird. Generell sollte Fleisch nicht länger als sechs bis acht Monate in der Tiefkühltruhe liegen bleiben. Aufgetaut wird dann am besten über mehrere Stunden zugedeckt im Kühlschrank, bei einem Schweinsbraten rechnet man pro Zentimeter Durchmesser eine Stunde.

Fleischkauf ist immer Vertrauenssache, und natürlich schmeckt das Fleisch am besten direkt vom Bauern, aber auch im Supermarkt bekommt man qualitativ sehr hochwertige Ware. Beim Einkauf ist zu beachten, dass die Schnittflächen der Teilstücke nicht zu wässrig erscheinen, das Fleisch sollte keine schwabbelige Konsistenz haben und weder zu hell noch zu dunkel sein. Auch ungewöhnlich viel ausgetretener Fleischsaft oder trockene Ränder deuten auf fehlende Frische oder mangelnde Qualität hin.

Rohes Schweinefleisch riecht angenehm frisch, hat eine kompakte Konsistenz und gibt auf Fingerdruck leicht nach. Wenn das Fleisch von jungen Mastschweinen stammt, ist es durchwegs sehr feinfasrig, der Muskelanteil ist kräftig rosa, das Fett kernig weiß. Eine leichte Marmorierung – also zarte Fettäderchen im Muskelfleisch – garantiert einen hohen Genusswert, denn diese Fetteinlagerungen schmelzen bei der Zubereitung und machen das Fleisch zart, saftig und geschmackvoll.

Das richtige Stück zum Glück

Wichtig für das Gelingen ist natürlich, dass man für jedes Gericht das passende Teilstück wählt. So eignet sich der magere Lungenbraten hervorragend für einen zarten Filetbraten oder für Medaillons. Aus dem Karree lassen sich saftige Schnitzel schneiden, als Ganzes gibt es aber auch ein ausgezeichnetes Bratenstück ab. Mit seinen Fetteinlagerungen schmeckt der Schopfbraten besonders aromatisch und saftig, also auch eine gute Bratenbasis. Und während der Schlögel das ideale Fleisch für Schnitzel, Medaillons, Steaks, Stelzen und saftigen Schinken liefert, eignen sich Schulter, Nacken und Bauch als klassische Teilstücke für einen g'schmackigen Schweinsbraten.

Schweinsbraten

ZUTATEN

1 1/2 kg Schweinsschopf mit Schwarte
Kümmel, Knoblauch, Salz
2 EL Schweineschmalz
2 Zwiebeln
250 ml Rindsuppe
50 g Butter

Für die Krautfleckerl

300 Teigfleckerl
1 kleiner Kopf Weißkraut
2 Zwiebeln
2 EL Honig
200 g Wurzelspeck (schön durchzogen)
1 Schuss Weißwein
1 Bund Petersilie
Salz, Pfeffer, Muskatnuss

Rezept von Dr. Andrea Kdolsky

Bundesministerin für Gesundheit, Familie und Jugend

GETROCKNETE KRÄUTER WIE WILDER MAJORAN, BEIFUSS (GANSLKRAUT), PETERSILIE EIGNEN SICH BESONDERS GUT ZUM EINREIBEN EINES GROSSEN BRATENS. – EINE INDIVIDUELLE WIE VITALISIERENDE WÜRZE.

Schweinsbraten mit Krautfleckerln

01 Das Fleisch mit einer Paste aus Knoblauch, Salz und Kümmel fest einreiben. Wenn möglich, über Nacht stehen lassen, damit diese Paste gut einziehen kann.

02 Pfanne mit Schweineschmalz großzügig einfetten. Bei 180 °C das Fleisch von allen Seiten gut anbraten. Mit den geschnittenen Zwiebeln bedecken. Regelmäßig mit Rindsuppe aufgießen und bei 160–180 °C ca. 1 1/2 Stunden braten. Wenn der Braten fertig ist, einige Butterflocken in den Saft geben, um das Aroma zu verstärken.

03 Für die Krautfleckerl Fleckerl in kochendes Salzwasser einlegen, 2 Minuten ziehen lassen, dann abseihen, aber nicht abschrecken. Weißkrautkopf halbieren, Strunk herausschneiden. Kraut und Zwiebeln in 1 cm große Quadrate schneiden. Honig in einer Pfanne erhitzen und karamellisieren. Würfelig geschnittenen Speck zugeben und braten. Zwiebeln darin anschwitzen, anschließend Weißkraut zugeben, goldbraun braten und mit einem Schuss Weißwein ablöschen. Mit Fleckerln und gehackter Petersilie vermischen und mit Salz, Pfeffer sowie Muskatnuss würzen.

DER TIPP

Mit einem Schuss Bratensaft werden die Krautfleckerl besonders herzhaft!

6 PERSONEN

23

ZUTATEN

1 1/2 kg Schopf vom Wildschwein
1 TL Kümmel
2 Knoblauchzehen
1 Stange Lauch
12 kleine Erdäpfel
4 Karotten
2 Zwiebeln
1 kleine Sellerieknolle
Öl zum Braten
1 l heller Geflügelfond
500 ml dunkles Bier
1 kleiner Bund Petersilie
Salz, weißer Pfeffer

Rezept von Dr. Christian Konrad

Generalanwalt und Aufsichtsratvorsitzender der RZB

WÄHREND SIE DIE BEILAGEN ZUBEREITEN, SOLLTEN SIE DAS FERTIG GEBRATENE FLEISCH ABGEDECKT WARM RASTEN LASSEN. ES WIRD DADURCH BESONDERS MÜRB UND SAFTIG.

Wildschweinbraten

01 Den Wildschweinsschopf rundum mit Salz, Pfeffer, Kümmel und gepresstem Knoblauch kräftig einreiben und für 2 Stunden ziehen lassen.

02 Das Gemüse waschen, schälen und in mundgerechte Stücke schneiden.

03 Schweinsschopf in einer großen Pfanne in wenig Öl rundum anbraten und danach in einen Bräter setzen. 1 Stunde im auf 180 °C vorgeheizten Rohr braten.

04 Das Gemüse im Bratenrückstand vom Fleisch leicht rösten, bis es Farbe annimmt. Das Fleisch immer wieder mit dem Geflügelfond untergießen.

05 Nach ca. 1 Stunde das Gemüse zum Braten geben und mit dem Bier aufgießen. Immer wieder das Fleisch mit dem Bratensaft übergießen. Nach ca. 45 Minuten die gehackte Petersilie dazugeben, das Fleisch aus dem Bräter nehmen und eventuell den Saft noch etwas würzen.

06 Den Braten in Scheiben schneiden und mit dem Gemüse auf Tellern anrichten.

DER TIPP

Dazu passen Rotkraut und karamellisierte Äpfel oder Birnen.

6 PERSONEN

ZUTATEN
1½ kg Jungschweinsbraten mit Schwarte (Schulter)
Kümmel (ganz)
6 Knoblauchzehen
Schweineschmalz
2 Zwiebeln
500 ml Rindsuppe
Salz, Pfeffer

Für den Speck-Krautsalat
600 g Weißkraut
2 Zwiebeln
100 g Speckwürfel
Öl zum Braten
1 EL Honig
250 ml Weißwein
Kümmel (ganz)
Koriander (gemahlen)
Salz, Pfeffer

Für die Erdäpfelknödeln
1,2 kg große mehlige Erdäpfel
2 Eidotter
2 EL Schweineschmalz
250 g Stärkemehl
Salz, Muskatnuss

Rezept von KS Prof. Harald Serafin

Intendant Seefestspiele Mörbisch

DURCH DAS DÄMPFEN DES SCHWEINSBRATENS ZU BEGINN SOUFFLIERT DAS FETT UND ES KOMMT VIEL LUFT DAZU. BEIM ANSCHLIESSENDEN BRATEN WIRD DADURCH DIE SCHWARTE BESONDERS KNUSPRIG.

Mamas Schweinsbraten mit Erdäpfelknödeln

01 In einer Bratpfanne fingerhoch Wasser aufkochen, Fleisch ungewürzt mit der Schwarte nach unten einlegen und zugedeckt im Rohr bei 140 °C ca. 1 Stunde dämpfen. Fleisch herausnehmen, Schwarte einschneiden und das Fleisch mit Salz, Pfeffer, Kümmel und gepresstem Knoblauch einreiben. Die Bratpfanne mit Schmalz befetten, Fleisch mit der Schwarte nach oben einlegen. Zwiebel schälen, grob schneiden und rundherum legen. Mit Suppe untergießen und im Rohr bei 160 °C ca. 90 Minuten braten.

02 Für den Speck-Krautsalat Weißkraut hobeln oder in feine Streifen schneiden. Zwiebeln fein schneiden und mit dem Speck in Öl anschwitzen. Honig zugeben, karamellisieren lassen, mit Weißwein ablöschen. Weißkraut dazugeben, mit Kümmel, Koriander, Salz und Pfeffer würzen. Kraut zugedeckt weich dünsten.

03 Für die Knödel Erdäpfel waschen, kochen und schälen. Noch warm durch eine Erdäpfelpresse drücken. Mit Eidotter, Schmalz, Stärkemehl, Salz und Muskatnuss zu einem glatten Teig verkneten und Knödel drehen. 10–15 Minuten in Salzwasser köcheln lassen. Die Menge des Stärkemehls hängt von den verwendeten Erdäpfeln ab. Sollte ein Probeknödel beim Kochen zerfallen, braucht man mehr Stärkemehl.

04 Den Schweinsbraten portionieren, je eine Scheibe auf Teller setzen und mit Saft übergießen. Knödel und Kraut als Beilage servieren.

Foto: ORF

DER TIPP

Lösen Sie nach dem Braten den Bratensatz am Rand und geben Sie diesen zum Saft.

6 PERSONEN

ZUTATEN

600 g Bauchfleisch mit Schwarte
2 EL Kümmel
4 Knoblauchzehen
2 Zwiebeln
250 ml Suppe
125 ml Weißwein
Salz, weißer Pfeffer

Für die Bärlauch-Serviettenknödel

6 Semmeln vom Vortag
150 g Margarine
5 Eier
200 ml Milch
4 EL Grieß
1 Hand voll frischer Bärlauch
Salz, Pfeffer, Muskatnuss

Rezept von Mag. Barbara Karlich

Moderatorin

JE NACH SAISON KANN MAN ZU LAUWARMEM ODER AUCH KALTEM KÜMMELBRATEN MIT FRISCH SAUTIERTEN SCHWAMMERLN, PARADEISERN UND BÄRLAUCH EINE ABWECHSLUNGSREICHE BEILAGE KREIERN.

Kümmelbraten mit Bärlauch-Serviettenknödel

01 Topf zur Hälfte mit Wasser füllen und dieses zum Kochen bringen. Bauchfleisch einlegen und ca. 15 Minuten kochen lassen.

02 Fleisch herausnehmen, mit kaltem Wasser abschrecken und die Schwarte von jeder Seite regelmäßig ca. 4 mm tief einschneiden, sodass ein kleinwürfeliges Muster entsteht. In eine Bratpfanne legen, mit Kümmel, Salz und Pfeffer würzen.

03 Knoblauchzehen und grob geschnittene Zwiebeln beigeben, mit etwas Suppe und Wein untergießen. Im Rohr bei 180 °C ca. 80 Minuten braten. Während des Bratens immer wieder etwas Flüssigkeit zugießen.

04 Für die Bärlauch-Serviettenknödel Semmeln würfelig schneiden und mit heißer Margarine übergießen. Eier mit etwas Salz verrühren, Milch und Grieß einrühren und in die Semmelmasse einmischen. Mit ein wenig Muskatnuss, Pfeffer und Salz würzen, etwa 30 Minuten ziehen lassen.

05 Bärlauchblätter fein hacken, in die Knödelmasse einrühren. Zu einer Rolle formen, diese auf eine feuchte Stoffserviette legen und einrollen. Die Enden der Serviette gut zusammenbinden. Serviettenknödel ca. 45 Minuten in leicht köchelndem Wasser garen. Danach aus der Serviette rollen und in Scheiben schneiden.

Foto: Ali Schafler/FirstLook

DER TIPP

Statt Bärlauch kann man auch Mangold oder Spinat verwenden.

4 PERSONEN

ZUTATEN

4 dickere Scheiben Schopfbraten (ohne Knochen)
3–4 Knoblauchzehen
1–2 EL Senf
Öl zum Braten
1–2 Zwiebeln
1–2 Karotten
$^{1}/_{4}$ Sellerieknolle
1 Petersilwurzel
einige Pfefferkörner
4 Dörrzwetschken
200 ml Weißwein
Salz, Pfeffer, Muskatnuss

Rezept von Prälat Mag. Maximilian Fürnsinn

Probst, Augustiner-Chorherrenstift Herzogenburg

EINE REZEPTVARIANTE, MIT DER SIE AUCH IN KLEINEN HAUSHALTEN MIT EINIGEN SCHEIBEN VOM SCHOPF FÜR GENUSSVOLLES SCHWEINS-BRATEN-FEELING SORGEN.

Schopfbraten nach böhmischer Art

01 Die Schopfbratenscheiben mit Salz, Pfeffer, etwas Muskatnuss, gepresstem Knoblauch und etwas Senf würzen. Fleisch in einer Pfanne bei moderater Hitze in Öl beidseitig braten.

02 Gemüse grob schneiden. In einer anderen Pfanne bei mäßiger Hitze Zwiebeln, Karotten, Sellerie und Petersilwurzel nacheinander ganz langsam anrösten. Einige Pfefferkörner darüberstreuen. Wenn das Gemüse halbwegs angedünstet ist, die entkernten Dörrzwetschken zugeben.

03 Sobald das Fleisch gut durchgebraten ist, mit Weißwein aufgießen und den Inhalt der zweiten Pfanne darüberleeren. Pfanne abdecken und das Fleisch in 30–40 Minuten weich dünsten.

TIPP Diesen böhmischen Schopfbraten kann man auch als größeres Stück im Ganzen zubereiten. In diesem Fall gibt man das Gemüse und die Dörrzwetschken reichlichst auf ein Geschirrtuch, rollt den Schopfbraten darin ein und legt das Ganze ein bis zwei Tage in einem verschließbaren Behälter in den Kühlschrank. Danach wird der Schopfbraten gesalzen, gewürzt und mitsamt den Ingredienzen gebraten. Die im Gefäß abgesetzte Flüssigkeit wird zum Aufgießen verwendet.

Foto: Privat

BEILAGE

Dazu passen Serviettenknödel, warmer Krautsalat oder Apfel-Lauch-Salat.

4 PERSONEN

ZUTATEN

1 1/2 kg Schweinsschopf
Kümmel (ganz)
1 Hand voll Beifuß
6 Knoblauchzehen
Schweineschmalz
2 Zwiebeln
500 ml Rindsuppe
Salz, Pfeffer

Für die Semmelknödel

6 Semmeln vom Vortag
(oder 200 g Semmelwürfel)
125 ml Milch
1 kleine Zwiebel
(feinwürfelig geschnitten)
30 g Butter
2 EL gehackte Petersilie
2 Eier
etwas Mehl
Salz, Pfeffer, Muskatnuss

Für das Kraut

1 großer Kopf Weißkraut
2 Schalotten
100 g Bauchspeck
50 g Butterschmalz
300 ml Rindsuppe
etwas Weißwein
Kümmel (ganz)
einige Majoranzweige
Salz, Pfeffer, Muskatnuss

Rezept von Toni Mörwald

Koch

FÜR ALLE, DIE ES BESONDERS KROSS MÖGEN: SCHWARTE HERUNTERSCHNEIDEN UND DIESE IN ETWAS MILCH WIE GRAMMELN KNUSPRIG GOLDGELB HERAUSBRATEN.

Schweinsbraten mit Beifuß, Semmelknödeln und Kraut

01 Den Schweinsschopf mit Salz, Pfeffer, Kümmel, gehacktem Beifuß und gehacktem oder gepresstem Knoblauch würzen bzw. einreiben. Ein Backblech mit hohem Rand (oder eine hitzefeste Bratpfanne) mit Schmalz befetten und gewürzten Schweinsschopf einlegen. Zwiebeln schälen, grob schneiden und rund um das Fleisch legen. Suppe zugießen und im Rohr bei 220 °C ca. 90 Minuten braten.

02 Für die Semmelknödel die Semmeln klein schneiden und mit heißer Milch übergießen. In einer Pfanne Butter erhitzen und die feinwürfelig geschnittene Zwiebel darin glasig anschwitzen, zum Schluss die gehackte Petersilie dazugeben. Die Zwiebeln zu der Semmelmasse geben. Eier aufschlagen und ebenfalls dazumischen. Masse kurz ziehen lassen, danach durchkneten. Sollte die Masse zu trocken sein, noch 1–2 EL Milch oder Wasser dazugeben. Mit Muskatnuss, Pfeffer und Salz würzen. Mit feuchten Händen aus der Masse 6–8 feste Knödel formen und in Mehl wälzen. In einem Topf reichlich Wasser aufkochen, Knödel einlegen und darin 20 Minuten ziehen lassen. Der Deckel darf den Topf nicht ganz verschließen.

03 Vom Weißkraut den Strunk herausschneiden und die äußeren Blätter entfernen. Krautblätter in feine Streifen schneiden. Schalotten und Speck würfelig schneiden und in heißem Butterschmalz anbraten. Krautstreifen zugeben und kurz anschwitzen, mit Weißwein und Suppe aufgießen. Kümmel und gehackte Majoranblätter beigeben. Bei kleiner Hitze zugedeckt weich schmoren. Zum Schluss mit Salz, Pfeffer und Muskatnuss abschmecken.

DER TIPP

Beifuß hilft effektiv bei der Verdauung von deftigen Braten.

6 PERSONEN

33

ZUTATEN
250 g mageres Karree
ohne Schwarte
Knoblauch, Kümmel
500 g Sauerkraut (abgetropft)
Wacholderbeeren, Lorbeerblatt
Estragon
50 ml Gemüsesuppe
Salz, Pfeffer

Für die Knödel
500 g mehlige Erdäpfel
Salz

Rezept von Univ.-Prof. Dr. Michael Kunze

Vorstand des Instituts für Sozialmedizin Wien

EIN MUSTERGÜLTIGES BEISPIEL DAFÜR, WIE GESUNDHEITSBEWUSST MAN SCHWEINSBRATEN ZUBEREITEN KANN. DAS IM FLEISCH ENTHALTENE FETT REICHT AUS. AUCH DIE KNÖDEL WERDEN BEWUSST LEICHT HERGESTELLT.

Schweinsbraten mit Sauerkraut und Waldviertler Knödeln

01 Einen Römertopf ca. 15 Minuten wässern. Schweinskarree mit Salz, Pfeffer, gepresstem Knoblauch und Kümmel einreiben.

02 Sauerkraut mit den Gewürzen in den Römertopf geben. Fleisch darauflegen und Gemüsesuppe zugießen. Den geschlossenen Römertopf ins kalte Backrohr stellen und dieses auf 200 °C aufheizen. Nach Erreichen der Temperatur das Fleisch ca. 1 1/2 Stunden schmoren.

03 Für die Knödel die Hälfte der Erdäpfel in einem Topf mit Dämpfeinsatz je nach Größe 20–30 Minuten garen. Die restlichen rohen Erdäpfel schälen und fein reiben, auf ein Geschirrtuch legen, zusammenklappen und die Flüssigkeit auspressen.

04 Die gekochten Erdäpfel schälen und durch die Erdäpfelpresse drücken. Beide Erdäpfelteile vermischen und salzen. Knödel formen und diese in kochendes Salzwasser legen. Je nach Größe 10–20 Minuten leicht köcheln lassen, danach mit dem Schaumlöffel herausheben.

05 Römertopf aus dem Rohr nehmen, das Fleisch in Scheiben schneiden. Mit Sauerkraut, Knödeln und dem entstandenen Saft servieren.

Foto: Privat

DER TIPP

Der Schweinsbraten vom Gesundheitsapostel kommt aus dem Römertopf.

2 PERSONEN

ZUTATEN

1 1/2 kg Schweinskarree
(oder Schopf) mit Schwarte
4 Knoblauchzehen
1 TL schwarze Pfefferkörner
6 Kürbiskerne
2 Gewürznelken
2 EL Öl
1 TL Rosmarin (gehackt)
4 Karotten
1 Lorbeerblatt
250 ml helles oder dunkles Bier
500 g Lauch
250 ml Rindsuppe
Salz, Pfeffer

Rezept von Marika Lichter

Künstlerin

HAUPTSACHE KRUSTE: AM BESTEN GELINGT SIE, WENN DIE ÜBERKOCHTE KRUSTE BEI MODERATER HITZE MÖGLICHST LANGE VOR SICH HIN BRÄT. DIE KRUSTE ENTSTEHT DANN GANZ VON SELBST.

Schweinsbraten mit Kruste

01 Die Schwarte mit einem Messer kreuzweise einritzen.

02 Den geschälten Knoblauch mit Salz, Pfefferkörnern, Kürbiskernen und Nelken in einem Mörser fein zerstoßen. Das Öl und Rosmarin einrühren. Das Fleisch mit der Gewürzmischung einreiben.

03 In einen Bräter fingerhoch kochend heißes Salzwasser eingießen. Den Braten mit der Schwarte nach unten hineinlegen und den Bräter auf unterster Schiene in das auf 225 °C vorgeheizte Backrohr stellen. Etwa 15 Minuten garen, dann das Fleisch wenden und mit der Schwarte nach oben weitere 15 Minuten garen.

04 Die Karotten in Scheiben schneiden und zusammen mit dem Lorbeerblatt in den Bräter geben. Das Fleisch mit Bier begießen, weitere 45 Minuten schmoren. Die Schwarte öfter mit dem Bratensaft begießen.

05 Lauch putzen, waschen und in 5 cm lange Stücke schneiden. Die Hitze im Rohr auf 175 °C reduzieren. Die Lauchstücke rund um das Fleisch verteilen und mit Suppe begießen. Den Bräter auf einer weiter oben befindlichen Schiene im Backrohr platzieren, weitere 45 Minuten braten. Immer wieder mit Saft begießen.

06 Den Braten und die Lauchstücke herausnehmen und im ausgeschalteten Rohr warm halten. Die Sauce pürieren, mit Salz und Pfeffer abschmecken.

Foto: Sabine Hauswirth

BEILAGE

Als Beilage bieten sich mitgebratene Knoblauchknollen und Erdäpfel an.

4–6 PERSONEN

ZUTATEN

1,8 kg Jungschweinskarree mit Schwarte (ohne Knochen)
4 Semmeln
1 EL gehackte Petersilie
2 Eier
1 EL Sauerrahm
400 g Karotten
400 g gelbe Rüben
400 g Sellerie
400 g Zwiebel
200 g Lauch
500 g speckige Erdäpfel
Kümmel
4 Knoblauchzehen
Koriander (gemahlen)
Butterschmalz zum Braten
4 Scheiben Ingwer
einige Majoran- und Thymianzweige
Salz, Muskatnuss

Rezept von KR Doris Felber

Geschäftsführerin der Bäckerei Felber

DURCH DIE ZUGABE VON ETWAS MILCH UND EINEM EIKLAR KANN MAN DIE SEMMELFÜLLE NOCH FLAUMIGER MACHEN.

Gefüllter Jungschweins-karreebraten

01 Das Jungschweinskarree am besten beim Fleischer fachmännisch zum Füllen vorbereiten lassen und dabei gleich auch die Schwarte leicht einritzen lassen.

02 Die Semmeln würfelig schneiden, mit Salz, Muskatnuss, gehackter Petersilie, Eiern und Sauerrahm zu einer trockenen Knödelmasse verarbeiten. Die Tasche des vorbereiteten Jungschweinskarrees damit füllen.

03 Das gefüllte Karree mit der Schwarte nach unten in eine Bratpfanne legen, etwas Wasser zugeben und ca. 30 Minuten im Rohr bei 150 °C braten.

04 In der Zwischenzeit Wurzelgemüse, Zwiebeln sowie Erdäpfel schälen und in gefällige Stücke schneiden.

05 Das Fleisch aus dem Rohr nehmen, mit Salz, Kümmel, zwei gepressten Knoblauchzehen und Koriander würzen. Butterschmalz und etwas Wasser beigeben, Fleisch mit der Schwarte nach oben weitere 30 Minuten bei 150 °C braten. Das Fleisch öfter mit dem Bratensaft übergießen, um es saftig zu halten.

06 Erdäpfel-, Zwiebel- und Gemüsestücke (mit Ausnahme des Lauchs), zwei halbierte Knoblauchzehen, vier Ingwerscheiben, Majoran, Thymian sowie etwas Wasser zum Braten geben. Unter regelmäßigem Übergießen weitere 30 Minuten im Rohr garen. Erst 5 Minuten vor Ende der Bratzeit die Lauchstücke beigeben.

07 Vor dem Servieren den Braten 10 Minuten an einem warmen Platz rasten lassen. In Scheiben schneiden und mit dem Gemü-

Foto: Bäckerei Felber

DER TIPP

Als zusätzliche Beilage passen grüner Salat, Erdäpfel- oder Krautsalat.

8 PERSONEN

ZUTATEN

1 kg Schweinsbraten (z. B. Schopf) mit Schwarte (ohne Knochen)
1 TL Rosmarin
Salz, Pfeffer

Für das Zwiebelgemüse

250 g Schalotten
250 g rote Zwiebeln
1 Bund Jungzwiebeln
1 Dose Marillenhälften (425 ml)
200 g Zucker
200 ml Rotweinessig
3 Lorbeerblätter
1 TL Pfefferkörner
Salz

Rezept von Alfons Haider

Entertainer

ENTSCHEIDEND FÜR DAS GUTE GELINGEN IST DAS RICHTIGE BRATGESCHIRR. ES SOLLTE MÖGLICHST DICKWANDIG SEIN, UM DIE WÄRME GLEICHMÄSSIG ZU ÜBERTRAGEN. AUCH SOLLTE ES NICHT ZU GROSS SEIN.

Schweinsbraten mit Zwiebelgemüse

01 Das Fleisch waschen und trocken tupfen. Die Schwarte kreuzweise einschneiden und den Braten mit Salz, Pfeffer und Rosmarin einreiben.

02 Auf der Fettpfanne des auf 200 °C vorgeheizten Backrohrs ca. 1 3/4 Stunden braten. Nach 1 Stunde mit 250 ml heißem Wasser übergießen.

03 Für das Gemüse Schalotten und rote Zwiebeln schälen, eventuell halbieren. Jungzwiebeln putzen, waschen und in Stücke schneiden.

04 Marillen abtropfen lassen und dabei den Saft auffangen. Zucker in einem großen Topf goldbraun schmelzen lassen. Mit Essig und 250 ml Wasser ablöschen. Aufkochen, dabei gut verrühren. Lorbeerblätter, Pfefferkörner und alle Zwiebeln zugeben. Salzen und ca. 12 Minuten kochen lassen. Marillen 3 Minuten vor Ende der Garzeit zu den Zwiebeln geben.

05 Den Braten warm stellen. Den Bratenfond durch ein Sieb zum Gemüse gießen. Das Gemüse mit etwas Marillensaft abschmecken.

06 Schweinsbraten und Zwiebelgemüse gemeinsam anrichten. Dazu schmecken Salzerdäpfel.

Foto: Inge Prader

DER TIPP

Pikanter wird das Zwiebelgemüse, wenn man etwas grünen Pfeffer mitgart.

4 PERSONEN

ZUTATEN
2 Zwiebeln
3–4 Knoblauchzehen
1 kg durchzogener Schopfbraten
2 Lorbeerblätter
Kümmel (ganz)
Salz, Pfeffer

Rezept von Gerda Rogers

Astrologin

MIT EINER PRISE KREUZKÜMMEL ODER STERNANIS GEBEN SIE DIESEM SCHWEINSBRATEN EINE LEICHT EXOTISCHE FACETTE. SERVIEREN SIE DAZU IN BUTTER GEDÄMPFTES SAISONGEMÜSE.

Schweinsbraten auf altböhmische Art

01 Zwiebel und Knoblauch schälen, fein hacken.

02 Schopfbraten mit Salz und Pfeffer würzen. Fleisch in eine Bratenform geben und mit Zwiebeln, Knoblauch und Kümmel bedecken. 125 ml Wasser und Lorbeerblätter zugeben. Die Bratform zugedeckt (!) ins kalte Rohr geben und dieses auf 240 °C aufheizen.

03 Nach ca. 30 Minuten die Temperatur auf 180 °C reduzieren und den Braten noch ca. 1 Stunde schmoren lassen. Von Zeit zu Zeit mit Flüssigkeit übergießen.

DER TIPP

In jeder Hinsicht sternewürdig: Durch das Schmoren entsteht ein köstlicher Saft.

2 PERSONEN

ZUTATEN
800 g Schweinskarree
(ohne Knochen)
Rosmarin
Oregano
Salbei
Olivenöl
Salz, Pfeffer

Für die Rosmarin-Braterdäpfel
1 kg Erdäpfel
2 EL Schweineschmalz
2 EL Rosmarin
4 Knoblauchzehen
Salz, Pfeffer

Rezept von Prim. Univ.-Prof. Dr. Michael Musalek

Ärztlicher Direktor am Anton-Proksch-Institut Wien

FÜR EINEN KALT SERVIERTEN SCHWEINSBRATEN KÖNNEN SIE AUCH FOLGENDES VERSUCHEN: FLEISCH 1 STUNDE BEI 65 °C IM ROHR BRATEN, DANACH EINE WEITERE STUNDE ZIEHEN LASSEN – FERTIG!

Toskanischer Schweinsbraten

01 Das ausgelöste Karree mit einer Mischung aus Salz, Pfeffer, Rosmarin, Oregano und Salbei kräftig einreiben. Im Backrohr mit ein wenig Wasser bei 200 °C ca. $1\,^1/_2$ Stunden braten. Immer wieder mit dem eigenen Saft begießen.

02 Auskühlen lassen und in Scheiben schneiden. Vor dem Servieren in mit Bratensaft vermengtem Olivenöl braten.

03 Für die Rosmarin-Braterdäpfel Erdäpfel kochen, schälen und in Scheiben schneiden. In einer Pfanne (vorzugsweise einer alten gusseisernen) mit dem Knoblauch in Schweineschmalz braten. Den Rosmarin zugeben, mit Salz und Pfeffer würzen.

Foto: Anton-Proksch-Institut

DER TIPP

Dazu passt ein fruchtbetonter Rotwein aus Österreich oder Italien.

4 PERSONEN

45

Braten und große Stücke

ZUTATEN

400 g Weißbrot (entrindet)
500 ml Milch
7 Eier
120 g Butter
100 g Semmelbrösel
20 g Petersilie (gehackt)
Muskatnuss
2 kg Schweinsbrust
(am besten vom Fleischhauer zum Füllen vorbereiten lassen)
Öl zum Braten
Mehl zum Stauben
Salz, Pfeffer

Für die Karottennudeln

3 Karotten
3 EL Olivenöl
etwas Suppe
Prise Zucker
1–2 EL Butter
Salz, Pfeffer

SCHWEIN UND GEMÜSE, BEIDES GEFÜLLT: ALS BESONDEREN OPTISCHEN EFFEKT KANN MAN DIE KAROTTEN AUCH IN AUSGEHÖHLTEN PARADEISERN SERVIEREN.

Gefüllte Schweinsbrust

01 Das entrindete Weißbrot in der Milch einweichen. Nach 15 Minuten gut ausdrücken und durch ein Sieb passieren. Die Eier versprudeln und unter die warme Butter ziehen. Weißbrot, Brösel, Petersilie, Muskatnuss, Salz und Pfeffer zugeben.

02 Die Masse in die taschenförmige Öffnung der Schweinsbrust füllen und mit Küchengarn gut vernähen.

03 Schweinsbrust rundum kräftig salzen. In einer passenden Pfanne in etwas Öl mit der „schönen" Seite nach oben anbraten. Während des Anbratens einige Male mit Wasser aufgießen.

04 Die Schweinsbrust im Rohr bei 200 °C 3–4 Stunden braten.

05 Danach die Brust aus der Pfanne nehmen. Bratenrückstand mit Mehl stauben und kurz rösten, dann mit Wasser ablöschen und auf die gewünschte Konsistenz einkochen lassen.

06 Für die Karottennudeln die Karotten schälen, dann mit dem Sparschäler feine Streifen herunterschälen. Olivenöl in einer Pfanne erhitzen, Karottennudeln einlegen und etwas Suppe zugießen. Mit Salz, Pfeffer und Zucker würzen. Etwas Butter zugeben und einige Minuten schmoren.

07 Schweinsbrust in Scheiben schneiden, mit dem Saft und den Karottennudeln auf

DER TIPP

Lassen Sie unbedingt vom Fleischhauer die Rippen entfernen und die Brust untergreifen.

6 PERSONEN

ZUTATEN
Kümmel (ganz)
2 Schweinsstelzen
4 EL Schweineschmalz
einige Knoblauchzehen
Salz, Pfeffer

Rezept von VR Dr. Helmut Pechlaner

ehemaliger Tiergartendirektor

NACH MÖGLICHKEIT SOLLTE MAN HINTERE STELZEN VERWENDEN. SIE SIND WESENTLICH FLEISCHIGER ALS DIE VORDEREN. DAZU PASSEN SENF, KREN, KALTER KRAUTSALAT UND SCHWARZBROT.

Gebratene Stelzen

01 Wasser mit Salz und Kümmel aufkochen. Die gewaschenen Stelzen einlegen und ca. 30 Minuten kochen.

02 Die Stelzen aus dem Sud nehmen. Die Schwarte quer zur Fleischfaser einschneiden.

03 Eine geräumige Pfanne mit Schmalz ausstreichen. Die Stelzen mit Salz, Kümmel und gepresstem Knoblauch kräftig einreiben.

04 In der Pfanne unter wiederholtem Begießen (mit Wasser und austretendem Saft) und einmaligem Wenden bei 220 °C ca. $2\frac{1}{2}$ Stunden braten.

Foto: Jutta Kirchner

DER TIPP

Durch das Untergießen mit Bier wird der Saft besonders würzig.

4 PERSONEN

ZUTATEN
1 Karotte
1 gelbe Rübe
2 Zwiebeln
2 Knoblauchzehen
1 Stange Lauch
1 Schweinsschulter (1,2–1,5 kg)
Senf
Öl zum Braten
1 Lorbeerblatt
frischer Thymian
500 ml Weißwein
Salz
weißer Pfeffer aus der Mühle

Rezept von Mag. Gernot Schieszler

Generaldirektor-Stellvertreter Telekom Austria

FÜR DAS MEHR AN AROMA:

GANZE KNOBLAUCHKNOLLE HALBIEREN, IN SCHMALZ AN DEN SCHNITTFLÄCHEN ANBRATEN UND MIT DER SCHWEINSSCHULTER MITDÜNSTEN.

Gedünstete Schweinsschulter

01 Karotte, gelbe Rübe, Zwiebeln und Knoblauch schälen und grob schneiden. Lauch putzen, waschen und ebenfalls grob schneiden.

02 Schweinsschulter mit Salz und Pfeffer sowie Senf einreiben. Das Rohr auf 190 °C vorheizen.

03 Etwas Öl in einer Bratenpfanne erhitzen, die Schweinsschulter einlegen, vorbereitetes Gemüse, Lorbeerblatt und Thymian sowie Weißwein und 500 ml Wasser zugeben und bei geschlossenem Deckel weich dünsten lassen.

Foto: Telekom Austria

DER TIPP

So wird's rustikaler: Fleisch würfelig schneiden und mit etwas mehr Wein weich dünsten.

6 PERSONEN

ZUTATEN

1 Schweinslungenbraten
(ca. 1,2 kg, zugeputzt)
100 g Schalotten
150 g Champignons
Butter und Öl zum Braten
2 EL Petersilie (gehackt)
300 g Blätterteig
100–150 g Blattspinat (blanchiert)
1 Ei zum Bestreichen
Salz, Pfeffer

Für die Farce

100 g Spitzen vom
Schweinslungenbraten
1 Eiklar
100 ml Obers
Salz, Pfeffer

Dazu harmoniert ein Glas Blaufränkisch.

FILET WELLINGTON IST EIN KLASSISCHES FESTTAGSGERICHT. DAZU PASSEN TRADITIONELL HERZOGINNENERDÄPFEL, VICHYKAROTTEN, IN BUTTER GESCHWENKTER BLATTSPINAT UND KARFIOLRÖSCHEN MIT BRÖSELBUTTER.

Lungenbraten à la Wellington

01 Den Schweinslungenbraten rundum anbraten, danach abkühlen lassen.

02 Schalotten schälen und fein hacken. Champignons putzen und fein hacken. Schalotten in einer Mischung aus Butter und Öl anschwitzen. Die gehackten Champignons dazugeben und mitbraten. Wenn die Flüssigkeit verdunstet ist, mit Salz, Pfeffer und gehackter Petersilie abschmecken.

03 Für die Farce Fleisch faschieren. In einem kalten Schneekessel das Fleisch mit kaltem Eiklar und kaltem Obers, Salz und Pfeffer mit Hilfe eines Schneebesens zu einer Farce verrühren.

04 Den Blätterteig rechteckig ausrollen und mit etwas Farce bestreichen. Den blanchierten Blattspinat darauf verteilen und die Schalotten-Champignon-Masse in die Mitte streichen. Das Filet darauflegen und einschlagen.

05 Mit der „schönen" Seite nach oben auf ein Blech legen und mit Ei bestreichen. Im Rohr bei 180 °C ca. 20 Minuten backen.

DER TIPP

Beim Aufschneiden verwenden Sie am besten ein Sägemesser.

6 PERSONEN

ZUTATEN
1 Spanferkel
(ab 10 kg aufwärts oder
auch Spanferkelteile)
Bier zum Bestreichen der
Speckschwarte
Salz

Rezept von Dr. Stephan Mikinovic

Geschäftsführer der Agrarmarkt Austria Marketing

DER AUSDRUCK SPANFERKEL KOMMT ÜBRIGENS NICHT ETWA DAVON, DASS MAN ES IM GANZEN AUF EINEM SPIESS BZW. SPAN BRÄT, SONDERN VIELMEHR VON „SPÄNEN", DEM ALTDEUTSCHEN AUSDRUCK FÜR „SÄUGEN".

Spanferkel im Ganzen

01 Das Spanferkel waschen, gut abreiben und innen salzen. Das Spanferkel entlang des Rückgrats mit einem Spieß durchbohren. Die Vorder- und Hinterfüße fixieren. Den Schwanz und die Ohren in Alufolie einwickeln. Den Bauchlappen mit Holzspänen aufspreizen.

02 Während des Bratens die Speckschwarte öfters mit Bier bestreichen. Vorsicht: Nicht bei zu hoher Hitze braten, da die Haut sonst Blasen wirft!

03 Nach Erreichen der gewünschten Färbung, das Spanferkel mit einer Nadel anstechen. Es ist perfekt gegart, wenn sich dabei wasserklare Tropfen bilden.

04 Beim Tranchieren die knusprige Haut mit einer Schere durchtrennen und erst dann schneiden.

Foto: AMA

DER TIPP

Spanferkel muss man auf jeden Fall vorbestellen, speziell dann, wenn man einzelne Teile haben will!

20 PERSONEN

ZUTATEN

$1\,^1/_2$ kg Schweinsripperl
(im Ganzen, die Haut von der Unterseite entfernt)

Für die Marinade

100 ml Olivenöl
3 Knoblauchzehen
1 TL grüner Pfeffer
1 Msp. Paprikapulver
1 EL Senf
Salz, grob gemahlener Pfeffer

Für das Couscous

150 g Couscous
1 roter Paprika
1 Zwiebel
1 EL Schmalz
350 ml Rindsuppe
Salz, Cayennepfeffer

Rezept von Heinz Kinigadner

Motocross-Fahrer

JE NACH GUSTO ZU DEN SPARERIBS UND DEM COUSCOUS VERSCHIEDENE PIKANTE SAUCEN REICHEN UND MIT GEBACKENEN ZWIEBELRINGEN (SIEHE TIPP) SERVIEREN.

Spareribs mit Paprika-Couscous

01 Zutaten für die Marinade kurz durchmixen, Ripperln damit einmassieren und 24 Stunden beizen lassen

02 Danach die Ripperl aus der Marinade nehmen und auf ein Gitter legen. Dieses in das vorgeheizte Rohr (200–220 °C) schieben und eine Fettauffangpfanne darunter platzieren.

03 Damit die abtropfende Flüssigkeit nicht verbrennt, etwas Wasser in die Pfanne eingießen. Die Ripperl sollten bei Garende dunkelbraun sein.

04 Für das Couscous Paprika würfelig und Zwiebel grob schneiden. Beides in Schmalz anschwitzen, Couscous zugeben, mit Salz und Cayennepfeffer würzen. Mit Rindsuppe aufgießen und gut verrühren. Tuch darauflegen, mit Deckel verschließen und in 10 Minuten gar ziehen lassen.

o: wingsforlife

DER TIPP

Zwiebelringe paprizieren, mehlieren und in Schweineschmalz goldgelb backen.

4 PERSONEN

Gesurt und geselcht

ZUTATEN
1 kg Geselchtes (Rollschinken oder Schlegelteile bzw. Teilsames)

Für das Sauerkraut
1 Zwiebel
einige Pfefferkörner
1 EL Öl
Prise Zucker
1 EL Mehl
125 ml Weißwein
1 Lorbeerblatt
500 g Sauerkraut

Rezept von Berndt Querfeld

Cafetier

SELCHEN UND SUREN HAT IN ÖSTERREICH EINE LANGE TRADITION, SCHLIESSLICH KONNTE AUF DIESE ART DAS FLEISCH FÜR EINIGE ZEIT OHNE KÜHLUNG HALTBAR GEMACHT WERDEN.

Geselchtes mit Sauerkraut und Salzerdäpfeln

01 Das Wasser zum Kochen bringen und das geselchte Schweinefleisch in das siedende Wasser legen.

02 Je nach Größe ca. 2 1/2 Stunden leicht wallend kochen. Besonders weich und mürb wird das Fleisch, wenn man es knapp an der Siedegrenze ziehen lässt. Das Fleisch ist gar, wenn man eine Nadel ohne nennenswerten Widerstand einstechen kann.

03 Für das Sauerkraut fein geschnittene Zwiebel und Pfefferkörner in Öl anschwitzen, Zucker beigeben und kurz karmellisieren. Mehl zugeben, gut umrühren, mit 250 ml Wasser und Wein aufgießen. Lorbeerblatt und Sauerkraut zugeben, auf kleiner Hitze 15–20 Minuten zugedeckt köcheln.

04 Ganz klassisch serviert man zu dem in Scheiben geschnittenen Geselchten Sauerkraut und Salzerdäpfel oder Semmelknödel.

Foto: Café Landtmann

DER TIPP

Geselchtes immer nur zart wallend kochen, es wird sonst hart.

4 PERSONEN

ZUTATEN
1 Zwiebel
1 Bund Suppengrün
1 1/4 kg Schinken (Rollschinken oder geselchter Schopfbraten)
1 Lorbeerblatt
2 Wacholderbeeren
5 Pfefferkörner

Für den Brotteig
90 g Germ
800 ml Milch
1 1/2 kg Mehl
20 g Salz
180 g Butter
2 Eier

EIN RUSTIKALES FESTTAGSGERICHT FÜR OSTERN UND WEIHNACHTEN. DAZU PASSEN SAUERGEMÜSE, HART GEKOCHTE EIER UND FRISCH GERISSENER KREN.

Schinken im Brotteig

01 Zwiebel schälen, Suppengrün putzen. Gemüse klein schneiden, gemeinsam mit der Zwiebel in Wasser aufkochen.

02 Schinken, Lorbeerblatt, Wacholderbeeren und Pfefferkörner zugeben. Schinken mit Flüssigkeit bedeckt ca. 1 Stunde kochen, danach über Nacht im Kochsud auskühlen lassen.

03 Für den Brotteig Germ in lauwarmer Milch auflösen. Mehl in eine Schüssel sieben, in der Mitte eine Grube bilden und die aufgelöste Germ hineingießen. Salz, weiche Butter und Eier hinzufügen und kneten, bis der Teig Blasen wirft.

04 Alle Zutaten müssen zimmerwarm temperiert sein, damit die Germ die zum Gären nötige Wärme vorfindet. Teig an einem warmen Ort sichtbar hochtreiben lassen, wieder zusammenschlagen und nochmals gehen lassen. Das verstärkt die Triebkraft und gibt eine gleichmäßige, feine Teigstruktur.

05 Schinken aus der Suppe heben und abtrocknen.

06 Den Teig auf einer leicht bemehlten Arbeitsfläche 1–2 cm dick ausrollen. Den Schinken darin einhüllen.

07 Ein Backblech mit Backpapier belegen. Schinken mit der „Teignaht" nach unten darauflegen und im auf 250 °C vorgeheizten Rohr ca. 50 Minuten backen.

DER TIPP

Sie können natürlich einen Brotteig beim Bäcker vorbestellen.

6 PERSONEN

ZUTATEN

3 Schweinszungen
250 g Suppengemüse zum Kochen
1 gelbe Rübe
1 Karotte
1/2 Sellerieknolle
Sherryessig
Krenwurzel
1 Bund Schnittlauch
125 ml Gemüsefond
125 ml Obers
Zitronensaft
Kernöl
Salz, weißer Pfeffer

WICHTIG IST, DIE ZUNGE GLEICH NACH DEM KOCHEN ZU HÄUTEN. NUR DANN GEHT DIE HAUT PRAKTISCH VON SELBST HERUNTER.

Lauwarm mariniertes Schweinszüngerl

01 Die Schweinszungen in Salzwasser mit dem Suppengemüse so lange kochen, bis sie an der Spitze weich sind (dauert 1 – 1 1/2 Stunden). Die Zungen noch heiß schälen und in Klarsichtfolie eingepackt auskühlen lassen.

02 Wurzelgemüse putzen, waschen, schälen und kleinwürfelig schneiden. Gemüse mit dem Kochsud kochen, anschließend mit Salz, Pfeffer und Essig abschmecken.

03 Den Kren putzen, schälen und erst unmittelbar vor dem Servieren auf einer Reibe reißen. Schnittlauch in feine Röllchen schneiden.

04 Die Schweinszüngerl in feine Scheiben schneiden und auf Tellern auflegen. Gemüsefond und Obers aufkochen, salzen und pfeffern, mit etwas frisch geschnittenem Schnittlauch abschmecken. Kurz aufmixen, mit etwas Zitronensaft verfeinern.

05 Fein aufgeschnittene Schweinszüngerl mit dem Schnittlauch-Gemüsesud beträufeln und mit Kernöl sowie etwas Sherryessig marinieren.

06 Mit dem Wurzelgemüse anrichten und mit Kren sowie Schnittlauch bestreut servieren.

DER TIPP

Statt dem Gemüsesud kann man die Zunge auch mit Nussöl und Marillenessig marinieren.

6 PERSONEN

Saftige Schnitzel

ZUTATEN
500 g Champignons
Butter
Öl zum Braten
4 Schweinsschnitzel
125 ml Weißwein
500 ml Gemüsefond
250 ml Obers
Salz, weißer Pfeffer

WENN SIE DIE PILZE NUR VIERTELN ODER HALBIEREN, HABEN DIE CHAMPIGNONS EINEN WESENTLICH FLEISCHIGEREN GESCHMACK.

Champignon-Schnitzel

01 Die Champignons waschen und blättrig schneiden. Ein Stück Butter in einen Topf geben und zergehen lassen. Die Champignons zugeben, mit Salz und Pfeffer würzen. Bei niedriger Hitze köcheln lassen, dabei öfters umrühren. Erneut abschmecken. Sobald die Flüssigkeit komplett verdunstet ist, sind die Champignons fertig.

02 In einer Pfanne etwas Öl erhitzen, die Schnitzel einlegen und beidseitig braten. Zum Schluss mit Salz und Pfeffer in der Pfanne würzen.

03 Die fertig gebratenen Schnitzel aus der Pfanne nehmen. Weißwein und Gemüsefond in die Pfanne geben und kräftig einkochen lassen. Obers zugießen und sämig einkochen. Champignons zugeben und in der Sauce erwärmen.

04 Schnitzel mit den Champignons auf Tellern anrichten. Dazu passt Reis.

DER TIPP

Für ein rustikales Jägerschnitzel noch Zwiebel und Speck dazugeben.

4 PERSONEN

ZUTATEN
1 Schweinslungenbraten (ca. 600 g)
1 Knoblauchzehe
1 Stange Lauch (nur der grüne Teil)
Salz, weißer Pfeffer

Für die Farce
60 g Spitzen vom Schweinslungenbraten
60 g Hendlbrust (ohne Haut und Knochen)
80 ml Obers
1 Eiklar
40 g Pressschinken
Salz, weißer Pfeffer

Rezept von Liane Seitz

Moderatorin

EINE BESONDERS KALORIENARME ZUBEREITUNG, DIE TROTZDEM NICHT MIT AROMEN SPART.

Schweinsrouladen

01 Den Schweinslungenbraten der Länge nach einschneiden und aufklappen.

02 Mit Klarsichtfolie bedecken und mit einem Plattiereisen oder dem Boden einer schweren Pfanne klopfen. Salzen, pfeffern und mit gepresstem Knoblauch bestreichen.

03 Für die Farce Fleischabschnitte und Hendlbrust klein schneiden. In der Küchenmaschine mit kaltem Obers und kaltem Eiklar zu einer Farce mixen. Mit Salz und Pfeffer würzen und den klein geschnittenen Schinken untermengen.

04 Lauch halbieren und in Salzwasser blanchieren. Den Schweinslungenbraten mit der Farce bestreichen, blanchierte Lauchblätter auflegen und der Breite nach straff einrollen.

05 Die Rouladen in Klarsichtfolie wickeln, an den Enden zubinden und im Wasserbad bei 80 °C 15 Minuten pochieren. Danach auspacken und in gleichmäßige Tranchen schneiden. Mit roter Paprikasauce, grünen Nudeln und Saisongemüse servieren.

Foto: Studio Trizeps

DER TIPP

Statt der Klarsichtfolie kann man auch gut gewässertes Schweinsnetz verwenden.

4 PERSONEN

ZUTATEN

4 Schweinsschnitzel
Schmalz zum Braten
1 TL Mehl
1 Schuss Weißwein
250 ml Suppe
40 g Butter
Salz, Pfeffer

Rezept von Thomas Muster

Unternehmer

DIE ATTRAKTION DES NATURSCHNITZELS LIEGT VOR ALLEM IM SAFT. DIESER KANN AUCH MIT ETWAS MEHR MEHL GEBUNDEN WERDEN. REIS UND GESCHMORTES GEMÜSE PASSEN IDEAL DAZU.

Naturschnitzel

01 Schnitzel auf einem Brett mit Klarsichtfolie abdecken, mit einem Plattiereisen oder dem Boden einer schweren Pfanne klopfen. Mit Salz und Pfeffer würzen.

02 Schnitzel in Schmalz auf jeder Seite 2–3 Minuten braten. Schnitzel aus der Pfanne nehmen und den Bratenrückstand mit Mehl stauben. Mit Wein und Suppe aufgießen und mit einem Schneebesen alle Rückstände lösen.

03 Saft kurz einkochen lassen, dann durch das Einrühren von kalter Butter ein wenig binden. Schnitzel wieder einlegen und bei mäßiger Hitze ziehen lassen.

Foto: GEPA pictures

DER TIPP

Verwenden Sie keinesfalls so genannte Wabenklopfer. Sie zerstören die Fleischfaser.

4 PERSONEN

ZUTATEN

4 Schweinsschnitzel
Paprikapulver
20 g Mehl
3 EL Öl
150 g Champignons
1 Zwiebel
1 roter Paprika
1 grüner Paprika
125 ml Rotwein
125 ml Gemüsefond
Paradeisermark
Salz, Pfeffer

Zum Garnieren

Thymianzweige
grüne Paradeiser

EHRGEIZIGE KÖCHE SERVIEREN ZU DIESEM GERICHT MIT RATATOUILLE GEFÜLLTE KIPFLER. ES DÜRFEN ABER AUCH SCHLICHTE TEIGWAREN ALS BEILAGE SEIN.

Zigeunerschnitzel

01 Die Schweinsschnitzel mit Pfeffer und Paprikapulver würzen, danach in Mehl wenden.

02 In einer Pfanne 2 EL Öl erhitzen und die Schweinsschnitzel auf beiden Seiten kräftig anbraten. Auf mittlere Hitze reduzieren und in 3–4 Minuten pro Seite fertigbraten. Schnitzel aus der Pfanne nehmen und warm stellen.

03 1 EL Öl in der gleichen Pfanne erhitzen. Die geputzten und grob gewürfelten Champignons in das heiße Öl geben und leicht bräunen lassen. Feinwürfelig geschnittene Zwiebel zufügen und auf kleiner Flamme einige Minuten braten lassen.

04 Die beiden Paprika halbieren, Kerngehäuse und Trennhäute entfernen. Paprika in feine Streifen schneiden, zu den Champignons in die Pfanne geben und ca. 10 Minuten schmoren lassen.

05 Mit Rotwein ablöschen und Gemüsefond angießen. Etwas Paradeisermark unter die Zigeunersauce mischen. Mit Paprikapulver, Pfeffer und Salz abschmecken. Die Schnitzel dazu anrichten, mit Thymian und halbierten grünen Paradeisern garnieren.

DER TIPP

Je reifer die verwendeten Paprika sind, umso vollmundiger schmeckt die Sauce.

4 PERSONEN

Gebackene Schnitzel

ZUTATEN
6 Schweinsschnitzel (à 160 g)
Mehl
2 Eier
Weißbrotbrösel
Schweine- oder Butterschmalz zum Backen
1 Zitrone (in Spalten geschnitten)
Salz

Für den Erdäpfelsalat
1 kg speckige Erdäpfel (Ditta oder Kipfler)
1 rote Zwiebel
2 EL Rindsuppe
Essig, Öl
Senf
Schnittlauch (gehackt)
Salz, Pfeffer

Rezept von Uwe Kröger

Musicalstar

DAS ECHTE WIENER SCHNITZEL BESTEHT AUS KALBFLEISCH. JENE, DIE MEINEN, DASS SCHWEINEFLEISCH AROMATISCHER SCHMECKT, HABEN NICHT GANZ UNRECHT.

Wiener Schnitzel vom Schwein

01 Die Schnitzel mit Klarsichtfolie abdecken und mit einem Plattiereisen sanft klopfen, mäßig salzen.

02 Schnitzel in Mehl wenden und gut abschütteln. Danach durch verquirltes Ei ziehen und in Bröseln wenden.

03 Schnitzel in reichlich heißem Fett goldgelb backen. Die Schnitzel müssen im Fett schwimmen. Die Pfanne immer ein wenig rütteln, damit Fett und Schnitzel in Bewegung bleiben. So souffliert die Panier am schönsten.

Wichtig: Beim Wenden nicht ins Fleisch stechen, sondern Bratenschaufeln verwenden.

04 Für den Salat Erdäpfel kochen, noch warm schälen und in Scheiben schneiden. Zwiebel schälen, feinwürfelig schneiden und in der Rindsuppe überkochen. Erdäpfel mit Essig, Öl, Senf, Salz, Pfeffer sowie der überkochten Zwiebel marinieren. Mit Schnittlauch bestreut servieren.

05 Schnitzel mit einer Zitronenspalte garnieren und mit dem Erdäpfelsalat servieren.

Foto: Sabine Hauswirth

DER TIPP

Die Schnitzel nach dem Backen unbedingt gründlich mit Küchenpapier abtupfen!

6 PERSONEN

ZUTATEN

4 große Schweinsschnitzel
100 g Beinschinken
100 g Emmentaler
2 Eier
250 ml Milch
Mehl und Brösel zum Panieren
Schweine- oder Butterschmalz zum Backen
1 Zitrone (in Spalten geschnitten)
Salz, Pfeffer

Dazu passt gemischter Blattsalat.

„CORDON BLEU" (FRANZÖSISCH FÜR „BLAUES BAND") WAR UND IST DIE AUSZEICHNUNG FÜR ALLE ABSOLVENTEN EINER SEIT DEM 17. JAHRHUNDERT BESTEHENDEN UND SEHR AUF QUALITÄT BEDACHTEN KOCHSCHULE IN PARIS.

Cordon bleu

01 Schnitzel auf einem Brett mit Klarsichtfolie abdecken, mit einem Plattiereisen oder dem Boden einer schweren Pfanne klopfen, mit Salz und Pfeffer würzen.

02 Jeweils eine Hälfte der Schnitzel mit 2 Blättern Schinken und 2 Blättern Käse belegen, die andere Hälfte darüberklappen.

03 Die beiden Eier mit der Milch verquirlen. Die gefüllten Schnitzel in Mehl, Ei-Milch-Mischung und Bröseln gut panieren.

04 In einer Pfanne reichlich Fett erhitzen, die gefüllten Schnitzel einlegen und beidseitig goldgelb backen. Während des Backens die Pfanne wiederholt rütteln, damit die Panier schön souffliert.

05 Cordon bleu aus der Pfanne nehmen und mit Küchenpapier trocken tupfen. Mit einer Zitronenspalte garniert servieren.

DER TIPP

Streichen Sie das Fleisch mit einem Hauch Ketchup für den besonderen Geschmack ein.

4 PERSONEN

ZUTATEN

Zum Suren

1 kg Schweinefleisch
2 Zwiebeln
2 Knoblauchzehen
10 Wacholderbeeren
(im Mörser zerdrückt)
2 EL Salz

Für die Surschnitzel

6 Surschnitzel (aus dem gesurten Schweinefleisch)
Mehl
2 Eier
Semmelbrösel
Schweine- oder Butterschmalz zum Backen

DAS SURSCHNITZEL BITTE NICHT AUS ROUTINE HERAUS SALZEN, DENN DAS GESURTE FLEISCH ENTHÄLT SCHON GENÜGEND SALZ DURCH DIE VORANGEGANGENE PRÄPARATION.

Surschnitzel

01 Zum Suren das ganze Fleischstück mit fein geschnittenen Zwiebeln, gepresstem Knoblauch und Wacholderbeeren rundum einreiben. 1 l Wasser im Topf mit Salz zusammen aufkochen, danach erkalten lassen.

02 Das Fleisch mit Zwiebeln, Knoblauch und Wacholder in eine Bratenform geben und das ausgekühlte Salzwasser daraufleeren. Das Fleisch mit einem schweren Gegenstand in der Form platt drücken.

03 Fleisch eine Woche in der Salzlake liegen lassen. Während dieser Zeit ab und zu umdrehen.

04 Danach das Fleischstück aus der Lake nehmen und gut mit kaltem Wasser abspülen. Daraus 6 Schnitzel schneiden.

05 Für die Surschnitzel das Fleisch mit Klarsichtfolie bedeckt klopfen. Nicht salzen! In Mehl wenden, durch die versprudelten Eier ziehen und in Semmelbröseln wälzen.

06 In einer Pfanne reichlich Fett erhitzen, die panierten Surschnitzel einlegen und beidseitig hellbraun backen. Während des Backens die Pfanne wiederholt rütteln, damit die Panier schön souffliert.

07 Surschnitzel herausheben und auf Küchenpapier abtropfen lassen. Mit Salat servieren.

DER TIPP

Dazu passt gemischter Salat: Gurken-, Paradeiser- und Krautsalat.

6 PERSONEN

Aus der Pfanne

ZUTATEN

600 g Schweinsfiletspitzen
Mehl zum Stauben
4 Schalotten
2 Knoblauchzehen
250 g Champignons
1 Stange Lauch (nur das Mittelstück)
1 roter Paprika
Schweineschmalz und Butter zum Braten
100 g Speckwürfel
1 TL grüne Pfefferkörner
125 ml Madeira
Majoran
Salz, Pfeffer

Rezept von Marie Christine Giuliani

Moderatorin

EIN GERICHT, DAS VIELE VARIANTEN ZULÄSST. SIE KÖNNEN DIE SAUCE AUCH MIT SAISONGEMÜSE WIE EIERSCHWAMMERLN UND BROKKOLI INDIVIDUELL ABÄNDERN.

Schweinsfilet-spitzen

01 Schweinsfiletspitzen in gleichmäßige Stücke schneiden. Fleisch mit Salz und Pfeffer würzen, mit etwas Mehl stauben.

02 Schalotten und Knoblauch schälen, fein hacken. Champignons putzen und in Scheiben schneiden. Lauch und Paprika in Streifen schneiden.

03 In einer Pfanne etwas Schweineschmalz und Butter erhitzen, das Fleisch darin beidseitig anbraten. Danach das Fleisch aus der Pfanne nehmen und warm stellen.

04 Speck, Schalotten, Knoblauch, Paprika, Lauch, Champignons und grünen Pfeffer im Bratenrückstand anbraten, anschließend mit Madeira ablöschen.

05 Majoran zufügen und den Saft etwas einkochen lassen. Fleisch hineingeben und erwärmen. Mit Salz und Pfeffer abschmecken.

DER TIPP

Schneiden Sie das Fleisch unbedingt in gleich große Stücke, damit es gleichmäßig gart.

4 PERSONEN

ZUTATEN
1 kg Schweinskarree
3 Zwiebeln
3 Knoblauchzehen
150 g Wurzelspeck
2 EL Butter
2 EL Schweineschmalz
1 EL Mehl
125 ml Weißwein
200 ml Obers
1 Bund Oregano
Salz, Pfeffer

Für die Rösti
6 mehlige Erdäpfel
2 EL Schweineschmalz
Salz, Pfeffer, Kümmel

Rezept von Dkfm. Hans Staud

Unternehmer

GESCHNETZELTES KANN AUCH NATUR, OHNE OBERS, ZUBEREITET WERDEN. DANN ABER MIT EIN WENIG MEHR MEHL STAUBEN, UM EINE SÄMIGE SAUCE ZU ERHALTEN.

Geschnetzeltes mit Rösti

01 Schweinskarree in Scheiben schneiden. Zwiebeln und Knoblauch schälen und feinwürfelig schneiden. Wurzelspeck klein schneiden.

02 In einer Pfanne Butter und Schmalz erhitzen, Fleisch darin anbraten, mit Salz und Pfeffer würzen. Zwiebel, Knoblauch und Speck zugeben und anschwitzen. Mit Mehl stauben. Wein und Obers zugeben, kurz einkochen lassen. Mit gehacktem Oregano bestreuen.

03 Für die Rösti Erdäpfel schälen und roh raspeln. Salzen, in ein Tuch geben und Flüssigkeit gut ausdrücken. Mit Salz, Pfeffer und Kümmel würzen. In eine beschichtete Pfanne Schmalz geben, Masse gleichmäßig verteilen und beidseitig goldgelb braten.

Foto: Staud's Wien/Petra Spiola

DER TIPP

Für eine elegantere Variante verwenden Sie Filetspitzen.

6 PERSONEN

ZUTATEN
4 Schweinskoteletts mit Knochen
etwas Mehl
3 EL Schweineschmalz zum Braten
Rosmarin
Salbei
12 speckige Erdäpfel (Kipfler)
1 Stange Lauch
Salz, Pfeffer

DER KLASSIKER FÜR ALLE TAGE. ZUR ABWECHSLUNG KÖNNEN SIE DIE KOTELETTS MIT ETWAS KRÄUTERBUTTER ANRICHTEN.

Gebratene Schweinskoteletts

01 Koteletts mit Salz und Pfeffer würzen.

02 Eine Seite der Koteletts in Mehl tauchen, danach gut abschütteln.

03 Mit der Mehlseite nach unten in 2 EL heißes Schmalz einlegen und in etwa 5 Minuten braun braten. Danach wenden und mit Rosmarin und Salbei fertig braten. Dabei immer wieder mit dem Bratfett übergießen.

04 Kipfler in der Schale weich kochen, danach quer halbieren, mit Rosmarin in 1 EL Schweineschmalz braten. Den Lauch putzen, in Scheiben schneiden und zum Schluss kurz mitschwenken.

BEILAGE

Dazu passen Braterdäpfel und marinierter Blattsalat.

4 PERSONEN

ZUTATEN
4 Schweinskoteletts
Schweineschmalz zum Braten
125 ml Weißwein
3 EL Crème fraîche
Salz, Pfeffer

Für die Fülle
125 g Doppelrahmfrischkäse
1 Zwiebel
edelsüßes Paprikapulver
frische Kräuter (nach Belieben)
1 EL Crème fraîche
Salz, Pfeffer

DIE KOTELETTS UNBEDINGT VOR DEM BRATEN SEHR SORGFÄLTIG MIT SPIESSEN VERSCHLIESSEN, WEIL DIE FÜLLUNG SONST AUSLÄUFT.

Gefülltes Schweinskotelett

01 In die Koteletts zum Füllen in der Mitte waagrecht eine kleine Tasche schneiden.

02 Für die Fülle fein geschnittene Zwiebel mit Frischkäse, Salz, Pfeffer und etwas Paprikapulver verrühren. Gehackte Kräuter und Crème fraîche zufügen.

03 Käsemasse in die Tasche der Koteletts füllen und diese mit kleinen Holzspießen verschließen. Gefüllte Schweinskoteletts pfeffern.

04 In einer Pfanne Butterschmalz erhitzen, Schweinskoteletts auf jeder Seite 7–8 Minuten bei mäßiger Hitze braten. Danach warm stellen.

05 Den Bratensatz mit 125 ml Wasser und Weißwein ablöschen, etwas einkochen lassen. Crème fraîche einrühren, mit Salz und Pfeffer abschmecken.

DER TIPP

Dazu passen selbst gemachte Pommes frites.

4 PERSONEN

ZUTATEN
700 g Schweinslungenbraten (zugeputzt)
einige Zweige Liebstöckel
1 EL Öl
Salz, Pfeffer

Für die Käsesauce
2 Schalotten
1 EL Olivenöl
250 ml Weißwein
125 ml Obers
100 g Schmelzkäse
Muskatnuss
Salz, Pfeffer

Rezept von Serge Falck

Schauspieler

FÜR NUDELN ALS BEILAGE DIESE IN SALZWASSER AUFKOCHEN, EINIGE MINUTEN DURCHZIEHEN LASSEN UND ABSEIHEN. VORGEGARTE NUDELN IN DER KÄSESAUCE FERTIGGAREN.

Medaillons in Käsesauce

01 Den Schweinslungenbraten in gleichmäßig große Medaillons schneiden. Mit Salz und Pfeffer würzen, mit grob gehacktem Liebstöckel bestreuen.

02 Fleisch in der Pfanne mit Öl beidseitig scharf anbraten. Im Rohr bei 180 °C in fünf Minuten rosa fertig braten und abgedeckt warm rasten lassen.

03 Für die Käsesauce die Schalotten schälen, fein hacken und in Olivenöl anschwitzen. Mit Weißwein aufgießen, etwas einkochen lassen. Obers zugießen und aufkochen lassen.

04 Schmelzkäse klein schneiden, beifügen und unter ständigem Rühren schmelzen lassen. Sauce mit Salz, Pfeffer und Muskatnuss abschmecken, bei geringer Hitze etwa 10 Minuten kochen. Dabei öfter umrühren.

05 Schweinsmedaillons in der Käsesauce erwärmen. Mit Teigwaren und Saisongemüse servieren.

Foto: Filmstills.at

DER TIPP

Mit frisch geriebenem Parmesan wird die Sauce noch würziger.

4 PERSONEN

ZUTATEN

700 g Schweinslungenbraten (zugeputzt)
1 EL Schweineschmalz
Salz, Pfeffer

Für die Wurzelrahmsauce

2 Zwiebeln
4 Karotten
3 Petersilwurzeln
1 EL Butter
1 Lorbeerblatt
250 ml Obers
2 EL gehackte Petersilie
Sauerrahm (nach Belieben)
Salz, Pfeffer

Rezept von
Martina & Karl Hohenlohe

Herausgeber

GARPROBE FÜR DAS FLEISCH: MIT DEM OPTIMALEN ZARTROSA KERN SOLLTE SICH DAS FLEISCH AUF FINGERDRUCK NOCH SEHR STRAFF ANFÜHLEN.

Lungenbraten in Wurzelrahmsauce

01 Den Schweinslungenbraten in gleichmäßig große Medaillons schneiden. Fleisch mit Salz und Pfeffer würzen. In einer Pfanne in Schmalz beidseitig scharf anbraten.

02 Im Rohr bei 180 °C in 5 Minuten rosa fertig braten, danach warm rasten lassen.

03 Für die Sauce Zwiebeln, Karotten und Petersilwurzeln waschen, schälen und grobwürfelig schneiden.

04 Zwiebel in Butter anschwitzen, dann Wurzelgemüse und Lorbeerblatt beigeben und weiterrösten. Mit Obers aufgießen, mit Salz und Pfeffer würzen. Das Gemüse weich köcheln, danach pürieren und durch ein Sieb gießen.

05 Zum Schluss mit frischer Petersilie verfeinern und glatt gerührten Sauerrahm in die kochende Sauce einrühren. Fleisch in die Sauce legen und erwärmen. Mit Gnocchi, Reis oder Bandnudeln servieren.

DER TIPP

Dazu passen auch frisch eingemachte Preiselbeeren.

4 PERSONEN

ZUTATEN

4 Schweinskoteletts (mit Knochen)
100 g Frühstücksspeck
100 g Emmentaler
Schweineschmalz zum Braten
2 Rosmarinzweige
2 EL Butter
etwas Suppe
4 Eier
Salz, Pfeffer

BESONDERS HERZHAFT WIRD DAS HAUERKOTELETT, WENN MAN DAZU EIN KLASSISCHES MISCHGEMÜSE SERVIERT.

Hauerkotelett mit Spiegelei

01 Die Schweinskoteletts horizontal in der Mitte bis zum Knochen einschneiden. In die Öffnung jeweils Speck und Käse einlegen. Schweinskoteletts mit Salz und Pfeffer würzen.

02 In einer Pfanne etwas Schmalz erhitzen, die gefüllten Schweinskoteletts auf beiden Seiten jeweils 5–7 Minuten bei mäßiger Hitze braten. In den letzten Minuten den Rosmarin zugeben und das Fleisch immer wieder mit dem Bratfett übergießen.

03 Gebratene Schweinskoteletts herausnehmen, Bratenrückstand aus der Pfanne leeren. Butter in die Pfanne geben, aufschäumen lassen und mit etwas Suppe angießen. Nun den Saft je nach Konsistenz entweder einkochen lassen oder mit etwas Suppe korrigieren.

04 Aus den Eiern Spiegeleier braten. Hauerkotelett mit dem Saft auf Tellern anrichten. Jeweils ein Spiegelei daraufsetzen.

DER TIPP

Das Kotelett kann man im Sommer auch auf dem Grill zubereiten.

4 PERSONEN

ZUTATEN

800 g Schweinsschale
4 TL Senf
1 TL Paprikapulver
2 EL Schweineschmalz
2 Zwiebeln
1 Stange Lauch
60 g Sellerie
2 Karotten
150 g Champignons
2 Knoblauchzehen
125 ml Rotwein
125 ml Gemüsefond
4 EL Obers
4 TL Stärkemehl
Salz, Pfeffer

Rezept von Toni Polster

Fußball-Legende

DAZU PASST AUCH WUNDERBAR GEKOCHTER BROKKOLI. GEBEN SIE EIN WENIG BACKPULVER INS KOCHWASSER, DAMIT BLEIBT DIE GRÜNE FARBE SCHÖN ERHALTEN, OHNE DASS SICH DER GESCHMACK VERÄNDERT.

Schweinsschale in Rahmsauce

01 Die Schweinsschale dünn mit Senf bestreichen, mit Pfeffer, Salz und Paprikapulver würzen.

02 In einem Bratentopf Schweineschmalz zerlassen und das Fleisch bei hoher Hitze rundum kräftig anbraten. Das Fleisch herausnehmen und warm stellen. Den Bratensaft dabei auffangen.

03 Zwiebeln, Lauch, Sellerie, Karotten, Champignons und Knoblauch putzen, schälen, klein schneiden und im Bratenfett anschmoren. Mit Rotwein ablöschen und etwas einkochen lassen.

04 Fleisch auf das Gemüse legen. Den aufgefangenen Bratensaft zufügen und zugedeckt bei möglichst geringer Hitze mindestens 1 1/2 Stunden schmoren. (Nicht kochen!)

05 Das weich geschmorte Fleisch herausnehmen und warm stellen. Das Gemüse in der entstandenen Sauce pürieren. Mit Gemüsefond auffüllen und mit in Obers angerührtem Stärkemehl andicken. Fleisch wieder in die Sauce legen und bis zum Servieren warm halten.

Foto: M. Witzany

BEILAGE

Als Beilage passen Teigwaren oder Erdäpfelpüree.

4 PERSONEN

103

ZUTATEN

1 1/2 kg Schweinsfrikandeau (Fleisch aus der Schale)
500 g Schweinsknochen (fein gehackt)
4 EL Öl
10 g Mehl
1 EL Kapern
125 ml Sauerrahm
1 EL Petersilie (fein gehackt)
etwas geriebene Zitronenschale
Salz, weißer Pfeffer

Rezept von Doris Kiefhaber

Geschäftsführerin der Österreichischen Krebshilfe

LAUCH- ODER SELLERIE-ERBSEN-PÜREE SIND ALS BEILAGE IN JEDEM FALL EINE GUTE WAHL. JE NACH GUSTO KÖNNEN SIE DAS VERWENDETE GEMÜSE ZUSÄTZLICH AUCH KURZ BLANCHIERT ANRICHTEN.

Frikandeau in Kapernsauce

01 Fleisch zuputzen, dabei aber die Deckhäute nicht entfernen, weil das Fleisch sonst austrocknet.

02 Die Knochen in eine viereckige Bratenpfanne geben. Das Frikandeau beidseitig kräftig mit Salz und weißem Pfeffer würzen, und mit der schönen Seite nach unten auf die Knochen legen. Fleisch mit Öl übergießen.

03 Im auf 180 °C vorgeheizten Backrohr unter ständigem Begießen braten. Fallweise etwas Wasser unter das Fleisch gießen. Nach ca. 45 Minuten wenden.

04 Das fertig gebratene Frikandeau aus der Pfanne heben. Mehl über die Knochen stauben, durchrösten und mit 300 ml Wasser ablöschen. Den Bodensatz lösen, reduzierend einkochen, danach abseihen.

05 Die Kapern fein hacken. Die Sauce mit glatt gerührtem Sauerrahm vermengen. Kapern sowie die gehackte Petersilie unterheben und pikant-säuerlich mit etwas Zitronenschale abschmecken.

06 Das Frikandeau in fingerdicke Tranchen schneiden und mit der Kapernsauce anrichten.

Foto: Krebshilfe/Inge Prader

DER TIPP

Die Kapernsauce wird durch etwas Sardellenpaste noch würziger im Geschmack.

6 PERSONEN

ZUTATEN

1 kg Schweinsvögerl
120 g Schinkenspeck
4 EL Schmalz
250 ml Suppe (oder Wasser)
120 g Champignons
20 g Butter
1 Msp. Stärkemehl
Petersilie (gehackt)
Salz, Pfeffer

FÜR DAS FOTO HABEN WIR DIE VÖGERL MIT FRISCHEM ROTEN PFEFFER UND IN SALZWASSER GEGARTEN GRÜNEN BOHNEN ZUBEREITET.

Schweinsvögerl mit Champignons

01 Die Schweinsvögerl zuputzen, aber nicht die Deckhäute abziehen. Entlang der Muskelstränge in Stücke trennen und in Richtung der Faser mit dünnen Speckstreifen mit Hilfe einer Spicknadel spicken.

02 Das Fleisch mit Salz und Pfeffer würzen, in heißem Schmalz rundum anbraten. Danach das Fett abgießen. Den Bratenrückstand mit Suppe oder Wasser ablöschen.

03 Die Vögerl in einen passenden Topf legen. Die Bratflüssigeit zugießen und zugedeckt in etwa 1 Stunde weich dünsten. Falls nötig, weitere Flüssigkeit zugeben.

04 Die Schweinsvögerl aus dem Saft heben und warm stellen. Maisstärke mit wenig kaltem Wasser vermengen und in den Saft einrühren. Diesen durch ein Sieb seihen und aufkochen.

05 Die Champignons waschen, dünn schneiden, mit Salz und Pfeffer würzen und kurz in heißer Butter anbraten.

06 Die Vögerl tranchieren, mit dem Saft übergießen und die Champignons darauf setzen. Mit gehackter Petersilie bestreut servieren.

BEILAGE

Dazu passen Reis oder Teigwaren.

6 PERSONEN

ZUTATEN

1 kg Schweinebauch
125 g Schweineschmalz
1 1/2 kg Zwiebeln
3 Spritzer Essig (oder Weißwein)
1 1/2 kg frisches Kraut aus dem Bottich
3–5 Lorbeerblätter
2 rohe Erdäpfel (gerieben)
3 EL scharfes Paprikapulver
2 EL Kümmel (ganz)
3 EL Vegeta-Gemüsegewürzmischung
1 EL Pfefferkörner
1 KL frisch gemahlener Pfeffer
2 EL Salz
2 EL Bienenhonig

Rezept von Rudi Holdhaus

Künstler

DAS KLASSISCHE KRAUTFLEISCH NACH K. U. K. MACHART WURDE FÜRS FOTO MIT EINIGEN ERBSEN GARNIERT.

Krautfleisch

01 Schweinebauch am besten vom Fleischhauer in nicht zu kleine Würfel (ca. 3 x 3 cm) schneiden lassen. In einem großen Topf Schmalz erhitzen, die gehackten Zwiebeln darin braun anrösten, mit Essig oder Weißwein ablöschen.

02 Kraut gründlich waschen und in den Topf geben. 500 ml Wasser zugeben, aufkochen lassen und gut umrühren. Mit Ausnahme des Honigs alle Zutaten in den Topf geben, nochmals 500 ml Wasser zugeben und gut umrühren.

03 Etwa 1 1/2 Stunden auf kleiner Hitze dünsten lassen. Immer umrühren. Sobald das Fleisch weich ist, den Honig zugeben und je nach Geschmack nochmals würzen.

Foto: Markus Roessle

DER TIPP

Mit mehrmaligem Aufwärmen schmeckt Krautfleisch noch besser!

6 PERSONEN

Register